JENNIFER SIEGLAI

IF I COULD
SAVE
THE WORLD

50
GENIALE
UMWELT-TIPPS
UND VIEL PLATZ ZUM
EINTRAGEN

WIE ALLES BEGANN

2015 war ich als Reporterin für die Nachrichtensendung logo! bei der WELTKLIMAKONFERENZ in Paris. Die Politiker*innen aus fast allen Ländern der Welt lagen sich vor Freude in den Armen. Sie hatten sich endlich darauf geeinigt, dass sie die ERDERWÄRMUNG auf 1,5 Grad begrenzen wollten. Nach einiger Zeit wurde ich aber stutzig. Ich merkte: Die Politiker*innen hatten sich zwar geeinigt, aber es folgten KEINE TATEN. Die meisten Länder machten fast gar nichts, um das Ziel zu erreichen, und ich war sehr enttäuscht. Ich beschloss also, selbst etwas für die Umwelt zu tun, und schrieb das Buch »UMWELTLIEBE«. Das ist ziemlich dick und man kann seine eigenen Gedanken nicht hineinschreiben. Daher nun »If I could save the world«. Hier kannst du 50 TIPPS ZUM THEMA UMWELTSCHUTZ nachlesen und dir deine eigenen GEDANKEN, TIPPS, VORSÄTZE und IDEEN notieren. Was mir dabei besonders wichtig ist und was ich dir noch sagen will, bevor du mit dem Lesen anfängst:

NIEMAND IST PERFEKT UND WIRD DER PERFEKTE UMWELTSCHÜTZER SEIN. Niemand wird alle Tipps immer umsetzen können und schon gar nicht schnell und auf einmal! Nicht jeder hat das Geld, um immer Bio-Lebensmittel zu kaufen. Nicht jeder kann seine Eltern überzeugen, in einem Unverpackt-Laden einzukaufen. Und nicht jeder wohnt so nah an seinem Hobby, dass er es mit dem Fahrrad erreichen kann. Auch ich schaffe es nicht, alles immer richtig zu machen. JEDER KANN ABER SEIN BESTES GEBEN. Denn wenn jeder etwas ändert, ist schon viel erreicht! Ich hoffe, du hast Spaß beim Lesen und schreibst mir, wie es dir mit den Tipps ergangen ist. Du findest mich bei INSTAGRAM @JENNIFERSIEGLAR oder du schreibst mir eine Mail an UMWELTLIEBE@JENNIFERSIEGLAR.COM.

DEINE JENNIE

TIPP 1

LEITUNGSWASSER TRINKEN!

Pro Tag trinke ich ungefähr zwei Flaschen Wasser. Im Jahr wären das also etwa 700 Plastikflaschen. Die lassen sich komplett einsparen, indem man einfach das Wasser trinkt, das sowieso schon da ist: LEITUNGS- WASSER. Ich muss zugeben: Ich finde den Geschmack von Leitungswasser nicht so toll. Da ich das Wasser nun aber filtere und aufsprudle, schmecke ich keinen Unterschied mehr. Ich mache mir jeden Morgen eine große Flasche, die ich mit zur Arbeit nehme. Die einzige Challenge: Man darf die Flasche unterwegs nicht vergessen ;-).

Der UMWELT hilft es auf jeden Fall sehr, wenn man nur noch Leitungswasser trinkt. Die Plastik- oder auch Glasflaschen müssen dann nämlich gar nicht erst hergestellt werden, und dadurch wird eine Menge Energie gespart. Die Flaschen müssen nicht von der Abfüllung zum Laden transportiert werden, dadurch gerät kein CO_2 in die Luft. Und wir vermeiden natürlich einen ganzen Haufen Müll, denn auch wenn die Plastikflaschen mehrmals benutzt werden, müssen sie natürlich irgendwann aussortiert werden.

RECHNE DIR DOCH MAL AUS, WIE VIELE FLASCHEN DU SO EINSPAREN KANNST.

Übrigens:

LEITUNGSWASSER HAT IN DEUTSCHLAND EINE SEHR GUTE QUALITÄT, DA ES SEHR STRENG KONTROLLIERT WIRD! ES IST ALSO NICHT NÖTIG, ES ZU FILTERN. ICH MACHE DAS NUR DES GESCHMACKS WEGEN.

TIPP 2

MEHRWEG STATT EINWEG!

Ich oute mich jetzt! Jahrelang hatte ich den Unterschied zwischen EINWEG- UND MEHRWEGFLASCHEN gar nicht richtig bemerkt, denn den Flaschen sieht man auf den ersten Blick nicht an, zu welcher Kategorie sie gehören. Eine 1-Liter-Flasche kann sowohl eine Einwegflasche sein als auch eine Mehrwegflasche.

Bevor ich auf den Unterschied zu sprechen komme, hier erst mal die Erklärung, warum Mehrweg besser ist als Einweg: MEHRWEGFLASCHEN werden BIS ZU 50 MAL WIEDERBEFÜLLT, bevor sie auf dem Müll landen. Einwegflaschen fristen ein sehr tristes Dasein: Sie werden produziert, um ein einziges Mal ausgetrunken zu werden. Dann werden sie eingeschmolzen, um aus ihnen ein neues Plastikprodukt herzustellen. Klingt zwar gut, aber dieses Recyclingverfahren ist superaufwändig und verbraucht viel Energie.

Außerdem müssen die großen PLASTIKMÜLL-BERGE AUS EINWEGFLASCHEN tagtäglich aus den Supermärkten abgeholt werden, um sie zum Recycling zu fahren, was natürlich wiederum Energie kostet. Aber auch die Mehrwegflaschen werden zum Getränkehersteller zurückgefahren. Deswegen ist es gut für die Umwelt, wenn du Getränke von lokalen Herstellern trinkst, die bei dir in der Nähe sind. Dann haben die Flaschen keinen so weiten Weg.

KENNST DU LOKALE GETRÄNKEHERSTELLER? RECHERCHIERE SIE UND NOTIERE SIE DIR! AUßERDEM KANNST DU AUFSCHREIBEN, WELCHE GETRÄNKE DU GERNE TRINKST UND OB SIE IN MEHRWEG- ODER EINWEG- FLASCHEN ANGEBOTEN WERDEN. WENN DU SIE BISHER AUS EINWEGFLASCHEN GETRUNKEN HAST, SUCHE NACH ALTERNATIVEN!

....

....

....

....

....

....

....

....

WORAN ERKENNST DU NUN EINE MEHRWEGFLASCHE? MEHRWEGFLA- SCHEN KOSTEN ACHT BIS 15 CENT PFAND. EINWEGFLASCHEN KOSTEN 25 CENT PFAND UND SIND MEIST AUS WEICHEREM PLASTIK. AUF MEHRWEGFLASCHEN STEHT AUCH MEHRWEG DRAUF, AUF EINWEG- FLASCHEN STEHT HÄUFIG PET.

....

....

....

TIPP 3

ORGANISIERE EINE KLAMOTTEN-TAUSCH-PARTY

Wenn man sich weniger Neues kaufen will, warum nicht einfach tauschen? Eine Klamotten-Tausch-Party macht Megaspaß, ist gut für die Umwelt und für dein Sparschwein.

Die Regeln: LADE EINIGE FREUND*INNEN ein. Ich würde sagen fünf bis zwölf sind ideal. Jeder bringt einige Kleidungsstücke mit, die er nicht mehr anzieht. Wichtig ist, dass man die Kleidung wirklich nicht mehr mag, damit man danach nicht traurig ist, wenn sie dann von jemand anderem getragen wird. Man macht kleine Haufen mit SHIRTS, HOSEN, JACKEN usw. Dann darf der/die Jüngste loslegen und ein Teil von einem Stapel aussuchen. So lange, bis alle dran waren, dann geht es wieder von vorne los. Brave Gruppen können auch einfach gleichzeitig alles durchgucken, ganz ohne Regeln. Die Reste bringt der Gastgeber zu einem Second-Hand-Laden oder spendet sie. Falls du Freund*innen mit sehr unterschiedlichen Größen hast, kann ich dir trotzdem dazu raten, die PARTY AUSZU-PROBIEREN. Irgendwie findet immer jemand was. Und man kann die Party auch ausweiten auf Taschen, Schmuck und andere Accessoires.

SCHREIB DIR EINE GÄSTELISTE FÜR DEINE NÄCHSTE
TAUSCH-PARTY AUF!

....

....

....

....

....

....

WELCHE TEILE NIMMST DU MIT
AUF DIE NÄCHSTE TAUSCH-PARTY?   ....

....

....

....

....

....

TIPP 4

2-MINUTE-BEACH-CLEAN IM URLAUB

Warum nicht etwas für die Umwelt tun, wenn du deine Ferien am Strand verbringst? Unsere Meere sind leider VOLLER PLASTIKMÜLL. Immer wieder werden Wale tot an Strände gespült – verhungert, denn in ihrem Magen war alles voll mit Plastik, weil sie beispielsweise herumtreibende Plastiktüten mit Nahrung verwechselt hatten.

Du kannst etwas dagegen tun! Sammle jeden Tag, so lange du Lust hast, Plastikmüll am Strand ein und entsorge ihn dann in einem Mülleimer (mit Deckel, damit der Wind nicht alles wieder Richtung Meer weht). Ich habe das schon an einigen Stränden gemacht und kann dir FOLGENDEN TIPP geben: Auch wenn es auf den ersten Blick sauber aussieht – guck genauer hin. Leider findet man fast überall viel Plastikmüll am Strand. Wenn du Glück hast, sehen andere Urlauber, was du machst, und nehmen sich ein Beispiel an dir. Oder zumindest räumen sie ihren eigenen Müll ordentlich weg und lassen ihn nicht am Strand zurück.

POSTE DEINE BEACH-CLEAN-FOTOS UNTER DEM HASHTAG #2minutebeachclean

Ausgedacht hat sie sich die Aktion 2-Minute-Beach-Clean Martin Dorey, ein Surfer aus Großbritannien. Er lebt in der Nähe eines Strandes, der im Winter 2013/2014 nach mehreren heftigen Stürmen voller Plastikmüll aus dem Meer war. Dorey kam auf die Idee, nur zwei Minuten lang **AM STRAND MÜLL EINZUSAMMELN,** das aber dafür jedes Mal, wenn er an den Strand kam. Er benutzte den Hashtag #2minutebeachclean und postete seine kleinen Aktionen auf Twitter und Instagram. Das brachte ihm viele Nachahmer ein. Mittlerweile wurden allein bei Instagram mehr als 130.000 Fotos mit dem Hashtag gepostet.

Wenn du magst: **POSTE AUCH DU DEIN FOTO** mit dem Hashtag und verlinke mich. Ich reposte dich und deine Aktion dann, damit möglichst viele Menschen auf die Idee kommen, es uns nachzumachen!

WELCHE STRÄNDE HAST DU SCHON BESUCHT UND SAUBER GEMACHT? WELCHE STRÄNDE WIRST DU BESUCHEN UND SAUBER MACHEN?

....

....

....

....

....

....

....

TIPP 5

- - - - - -

BEACHCLEAN OHNE BEACH

Ja das geht! Wieso sollten nur Strände vom Plastikmüll befreit werden? Auch die Tiere im Wald und auf den Feldern leiden unter dem Plastikmüll. Sogar Regenwürmer fressen mittlerweile aus Versehen kleinste Plastikteilchen.

Warum startest du also nicht deine eigenen MÜLL-SAMMEL-AKTIONEN mit deinen Freunden? Ihr könnt einen Bach säubern, einen Teil des Waldes, den Park in eurer Heimatstadt oder die Feldwege. Du kannst solche Aktionen auch in deinen Alltag integrieren und jeden Tag auf dem Weg zur Schule oder zu deinem Hobby den Müll aufsammeln, der dir begegnet. Auch diese MÜLL-SAMMEL-AKTIONEN kannst du posten und mich gerne verlinken.

UND WENN DU SCHON
MAL MÜLL GESAMMELT HAST –
WAS WAREN DIE ABSURDESTEN DINGE,
DIE DU GEFUNDEN HAST? ICH HABE
MAL EINE LUFTMATRATZE IM
WALD GEFUNDEN

WELCHE ORTE FALLEN
DIR NOCH EIN, DIE DU VOM
PLASTIKMÜLL BEFREIEN
KÖNNTEST? WER KÖNNTE
DIR HELFEN?

....

....

....

....

....

....

....

....

....

....

....

....

....

TIPP 6

LEIHEN STATT NEU KAUFEN

Dieser Tipp ist so unfassbar einfach und trotzdem befolgt man ihn nicht immer. Hier ein paar Beispiele: Du brauchst was Schickes, weil deine Tante heiratet, und kaufst ein schönes Kleid, DAS DU NIE WIEDER TRÄGST. Du fährst zum ersten Mal in den Winterurlaub und kaufst dir eine Skihose, die dann den Rest des Jahres im Schrank vergammelt. Du kaufst dir ein Buch, das dir eine Freundin empfohlen hat, und danach steht es JAHRELANG IN DEINEM SCHRANK. Du kaufst im Urlaub eine billige Luftmatratze und hast keine Lust, sie im Koffer nach Hause zu transportieren, also landet sie vor Ort im Müll.

Das sind nur einige wenige Beispiele von Aktionen, die ich in meinem Leben schon gebracht habe. Alle diese Dinge wurden mit enormem Aufwand hergestellt und nach ihrer Produktion - zum Beispiel in China - um die halbe Welt geschifft, um in Geschäften verkauft zu werden. Natürlich kann man sich nicht alles leihen, aber vielleicht fallen dir ein paar Dinge ein, die du in Zukunft nicht mehr neu kaufst, SONDERN DIR LEIHEN KANNST. Ich habe mir zum Beispiel zuletzt ein Dirndl fürs Oktoberfest von einer Freundin geliehen und eine Wanderhose für einen Outdoor-Dreh bei meiner Nachbarin. Beide haben sich gefreut, mir helfen zu können, und ich habe etwas für die Umwelt getan und auch noch Geld gespart.

BEREITS GEKAUFTE
UNNÖTIGE DINGE ....

....

....

....

....

....

....   DAS WILL ICH IN ZUKUNFT LEIHEN *

....

....

....

....

....

....

* VERGLEICH DIE LISTE MIT DEINEN FREUND*INNEN ZWECKS LEIHPOTENZIAL

TIPP 7

- - - - - -

BAMBUSZAHNBÜRSTE

Erst mal eine kleine Anekdote: Letztes Jahr war ich beim Hautarzt und sagte ihm, dass ich in letzter Zeit immer mal Probleme mit blutenden Mundwinkeln hätte. Nach kurzem Überlegen hatten wir den Übeltäter gefunden: Ich benutzte seit Neuestem BAMBUSZAHNBÜRSTEN. Meine Mundwinkel waren an das glatte Plastik normaler Zahnbürsten gewöhnt, nicht an den etwas raueren Bambus.

Mittlerweile weiß ich: Die ersten Tage, wenn ich eine neue Bambuszahnbürste benutze, versuche ich, sie nicht an meine Mundwinkel kommen zu lassen. Oder ich weiche sie etwas ein, dann wird sie auch glatter. Trotzdem möchte ich nicht mehr auf meine neue Zahnbürste verzichten. Denn sie besteht aus einem NACHHALTIGEN, SCHNELL NACHWACHSENDEN MATERIAL: Bambus. Leider sind die Borsten der meisten Bambuszahnbürsten aus Nylon und demnach aus Plastik. Ich breche daher vor dem Entsorgen immer den Bürstenkopf ab und werfe den Bambusgriff in den Bio-Müll und den Nylon-Kopf in den Restmüll. So spart man zumindest das Plastik des Griffs ein.

WAS AUßERDEM TOLL IST: Die meisten Bambuszahnbürsten sind statt in Plastik in Recycling-Pappe verpackt.

WOFÜR LÄSST SICH
SO EINE AUSGEDIENTE ZAHN-
BÜRSTE NOCH VERWENDEN?
SCHREIBE HIER ALLES AUF,
WAS DIR EINFÄLLT:

....

....

....

....

....

....

....

....

....

....

....

....

ES GIBT
ÜBRIGENS AUCH
NACHHALTIGE
ZAHNSEIDE

19

TIPP 8

KAPUTTES REPARIEREN

Frag mal deine Urgroßeltern oder Großeltern, wie lange sie früher ihre Kleidung und auch andere Dinge benutzt haben. Die Antwort wird sein: ewig. Leider sind wir heute eine sogenannte WEGWERFGESELLSCHAFT. Schuhe kaputt? Neue gekauft! Shirt hat ein Loch? Verschwindet für Ewigkeiten einfach hinten im Schrank. Der Akku vom Handy hält nicht mehr so gut? Zum Geburtstag wünsche ich mir ein neues.

Laut einer Studie von Greenpeace trägt jeder Achte seine Schuhe WENIGER ALS EIN JAHR. Die Hälfte der Menschen in Deutschland hat noch nie etwas zum Schneider gebracht. Und mehr als die Hälfte der 18- bis 29-Jährigen war noch nie bei einem Schuster. Auch mein Leben hat jahrelang so funktioniert. Aber warum eigentlich? Warum bringen wir die SCHUHE NICHT ZUM SCHUSTER, stopfen das Shirt und lassen den Akku austauschen?

DENK MAL DARÜBER NACH, WELCHE DINGE DU VIELLEICHT EINFACH REPARIEREN (LASSEN) KÖNNTEST.

....
....
....
....
....
....
....
....
....
....
....
....

IN MANCHEN STÄDTEN GIBT ES REPARATURCAFÉS, IN DENEN LEUTE DINGE IN IHRER FREIZEIT REPARIEREN.

TIPP 9

SAISONAL ESSEN

Erdbeeren wachsen in Deutschland nur im Frühsommer, Tomaten nur im Sommer, Grünkohl und Rote Bete im Winter. Warum kann man trotzdem den ganzen Winter über Erdbeeren und Tomaten im Supermarkt kaufen?

Sie werden aus fernen Ländern zu uns transportiert oder in beheizten Gewächshäusern bei uns angebaut. Das ist allerdings NICHT GUT FÜR DAS KLIMA. Die beheizten Gewächshäuser verbrauchen sehr viel Energie und beim Transport aus der Ferne wird viel CO_2 in die Luft gepustet. Es wäre also besser, wenn wir mehr Lebensmittel essen würden, die GERADE SAISON haben. Das bedeutet zwar einen etwas eingeschränkten Speiseplan, aber ich kann euch versprechen: Wenn ihr mal ein paar Monate keine Tomaten gegessen habt, dann schmecken sie im Sommer noch besser als sonst! Vor allem auch, weil Obst und Gemüse, das zur richtigen Zeit geerntet wird, viel reifer und daher schmackhafter ist!

SUCH IM INTERNET NACH EINEM SAISONKALENDER FÜR OBST UND GEMÜSE UND SCHREIB HIER AUF, WANN WAS IN DEUTSCHLAND SAISON HAT!

JAN

....

....

FEB

....

MÄR

....

APR

....

MAI

....

JUN

....

JUL

....

AUG

....

SEP

....

OKT

....

NOV

....

DEZ

....

TIPP 10

REGIONAL ESSEN

Eine Avocado aus Mexiko zum Frühstück, dazu einen Orangensaft aus kalifornischen Orangen. Zum Mittagessen gibt es Rindfleisch aus Argentinien mit Kartoffeln aus Israel und Salat aus Frankreich. Und zum Abendessen Brot mit spanischer Salami. Zwischendurch einen Apfel aus Neuseeland als Snack. Es ist komplett verrückt, woher unsere Lebensmittel im Supermarkt häufig kommen. Man hat quasi eine WELTREISE AUF DEM TELLER, und das ist für die Umwelt ein großes Problem. Denn all diese Lebensmittel mussten mit Schiffen und Lastwagen transportiert werden, und währenddessen werden sie aufwändig gekühlt. Das alles pustet sehr viel CO_2 in die Luft. Besser ist es daher, REGIONALE PRODUKTE zu essen, also Lebensmittel, die in der Nähe wachsen. Glücklicherweise muss die Herkunft von Obst und Gemüse immer dabeistehen. Guckt also beim nächsten Einkauf, woher die Sachen kommen! Am besten, ihr kauft auf dem Wochenmarkt oder bei einem Bauernhof um die Ecke ein und fragt den Landwirt, welche Produkte er selbst angebaut hat.

ÜBERLEG DIR,
AUF WELCHE (NICHT
REGIONALEN) PRODUKTE DU
VERZICHTEN KANNST.

TIPP 11

BIO-BAUMWOLLE STATT NORMALER BAUMWOLLE

Einer der beliebtesten Rohstoffe für Kleidung ist Baumwolle. Sie ist ein NATURPRODUKT und wächst als Busch oder kleiner Baum überall da, wo es schön warm ist. In Deutschland ist es für den Baumwoll-Anbau zu kalt.

Baumwolle ist allerdings total anfällig für Krankheiten und Schädlinge. Deswegen wird sie oft mit giftigen PFLANZENSCHUTZMITTELN besprüht. Doch dadurch werden das Grundwasser und der Boden verseucht. Außerdem ist die BAUMWOLLE SEHR DURSTIG. In den sowieso schon trockenen Gebieten, in denen die Baumwolle angebaut wird, wird also sehr viel Wasser benötigt. Aus diesem Grund trocknen in vielen Anbaugebieten die Seen aus, was schrecklich für Menschen, Pflanzen und Tiere ist. Für ein einziges T-Shirt werden BIS ZU 2000 LITER WASSER verbraucht. Das sind mehr als zehn Badewannen voll.

Zwar verbraucht auch Bio-Baumwolle sehr viel Wasser. Allerdings dürfen bei ihrem Anbau keine giftigen Stoffe verwendet werden. Außerdem wird die Bio-Baumwolle auf den Feldern abwechselnd mit anderen Pflanzen angebaut, um den Boden zu schonen.

WIE VIELE BIO-BAUMWOLL-KLEIDER FINDEST DU IN DEINEM SCHRANK?

....

....

....

....

....

....

....

....

....

....

TIPP 12

FESTE SEIFE BENUTZEN

Um Plastikverpackungen einzusparen, gibt es einen sehr einfachen Trick: feste Seife benutzen. Was der Vorteil ist? Du kannst sie in Pappe oder Papier verpackt kaufen oder sogar KOMPLETT UNVERPACKT. Es gibt festes Duschgel, feste Handseife und sogar feste Körpercreme. Ich habe in meinem ganzen Haushalt alle Handseifen, mein Duschgel und meine Creme umgestellt und ich spare damit so unfassbar viel Plastik ein. Und die feste Seife hat noch mehr Vorteile: Sie hält länger als flüssige Seife. Dadurch ist sie häufig auch deutlich günstiger.

ALLERDINGS: Das Seifenstück darf nicht im Wasser vor sich hinsuppen, damit es nicht zur Keimschleuder wird. Deswegen brauchst du eine Seifenschale, in der das Stück Seife nach der Benutzung trocknen kann.

N° 5

RECHNE MAL AUS,
WIE VIELE PLASTIKFLASCHEN
HANDSEIFE, DUSCHGEL UND
BODYLOTION DU SPARST!

TIPP 13

FESTES SHAMPOO BENUTZEN

Ja, richtig gelesen! Auch Shampoo gibt es in fester
Form. Dabei musst du allerdings zwei Sorten unterschei-
den: FESTE HAARSEIFE und FESTES HAARSHAMPOO.
Das Letztere ist dem normalen Shampoo sehr ähnlich,
ihm wurde allerdings das Wasser entzogen. Es kann
sein, dass du danach noch eine feste Haarspülung (ja,
auch das gibt`s) brauchst, damit die Haare gut kämm-
bar sind.

Haarseifen sind etwas komplizierter. Nachdem du sie
benutzt hast, solltest du deine Haare mit einer Säu-
respülung behandeln. Dazu musst du einen Esslöffel
Essig oder einen Teelöffel Zitronensäure in einem Liter
Wasser auflösen und das dann über die Haare laufen
lassen. Vielleicht musst du etwas rumprobieren, bis du
die richtige Behandlung für deine Haare gefunden hast.
DANN SPARST DU ABER RICHTIG VIEL PLASTIK EIN!

TRAGE HIER DEINE
SPEZIELLE BEAUTY-
BEHANDLUNG EIN:
....
....

....
....
....
....
....
....
....
....
....
....
....

TIPP 14

AUF BIO-LEBENSMITTEL UMSTEIGEN

Häufig liest man: Bio-Lebensmittel sind gar nicht so viel gesünder als normale Lebensmittel. Das mag sein. Aber: Darum geht's auch gar nicht. Bio-Lebensmittel sind vor allem **BESSER FÜR DIE UMWELT!**

Für Bio-Lebensmittel werden weniger Düngemittel verwendet. Und die, die benutzt werden, sind auf pflanzlicher oder tierischer Basis, also natürlich und nicht künstlich. Warum es besser ist, weniger zu düngen? Das Düngemittel landet häufig im Grundwasser und das ist schlecht für Menschen, Tiere und Umwelt.

Für Bio-Lebensmittel dürfen außerdem keine Pestizide verwendet werden. **PESTIZIDE** sind oft künstliche Mittel, die eingesetzt werden, damit zum Beispiel ein Apfel nicht von Schimmel, Pilzen, Würmern oder anderen Tieren angeknabbert wird, bevor er bei uns auf dem Teller landet.

Auch bei tierischen Produkten wie Fleisch oder Milch ist es besser für die Umwelt, Bio zu kaufen. Und es ist besser für die Tiere, denn die **BIO-LANDWIRTE** achten auch darauf, dass die Tiere artgerecht gehalten werden.

WELCHE LEBENSMITTEL KAUFST DU SOWIESO SCHON »BIO« EIN?

....

....

....

....

....

WELCHE KÖNNTEST DU DIR NOCH VORSTELLEN:

....

....

....

....

....

....

....

TIPP 15

MÜLL RICHTIG TRENNEN

Klingt einfach, ist es für manche (zum Beispiel für meinen Mann Tim) aber gar nicht. Zu Hause haben wir vier Tonnen: Bio, Pappe und Papier, Grüner Punkt und Restmüll. WAS GEHÖRT NUN WO HINEIN? Pappe und Papier ist klar, aber auch hier gibt es Ausnahmen: Backpapier zum Beispiel ist beschichtet und muss deswegen in den Restmüll. Genau wie Kassenbons oder Fahrscheine, die aus einem bestimmten Thermopapier sind. Auch der ölige Pizza-Karton sollte nicht in den Papiermüll, wenn er zu verschmutzt ist. In den BIO-MÜLL gehören Essensreste, aber auch Teebeutel, Küchenpapier und Taschentücher, Laub und verwelkte Blumen.

WICHTIG: Ihr dürft nicht einfach Bio-Plastiktüten benutzen, denn die müssen in den meisten Kompost- und Biogasanlagen aussortiert werden.

In den GELBEN SACK gehören Plastikverpackungen, auf denen der Grüne Punkt ist. Ihr müsst übrigens nicht jeden Joghurtbecher ausspülen. Das Plastik wird vor dem Recycling sowieso noch mal gewaschen. Allerdings solltest du die Aludeckel ganz abziehen. In den Restmüll kommt - na klar - der Rest :-).

Übrigens:

NUR EIN TEIL DES PLASTIKMÜLLS WIRD AUCH WIRKLICH RECYCELT – VIELES LANDET TROTZDEM IN DER MÜLL-VERBRENNUNGSANLAGE. AUßERDEM IST DER RECYCLING-PROZESS SEHR AUFWÄNDIG UND MIT HOHEM CO_2-AUSSTOß VERBUNDEN. WIR SOLLTEN ALSO TROTZ RECYCLING VERSUCHEN, MÖGLICHST VIEL PLASTIK EINZUSPAREN.

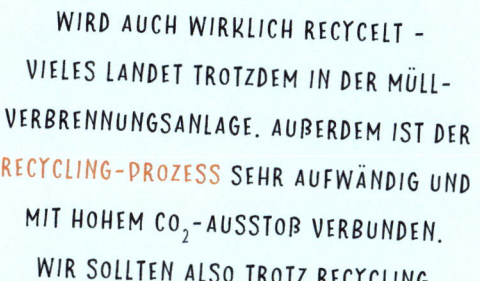
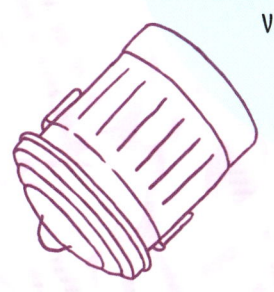
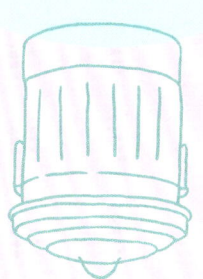

TIPP 16

· · · · · · · · ·

KEINE EINWEGPRODUKTE

Der To-go-Becher wird durchschnittlich gerade mal zwanzig Minuten benutzt, bis das Getränk leer ist. Dann landet er auf dem Müll. Auch der Strohhalm hat ein sehr kurzes und daher trauriges Leben. Genau wie die Verpackung des Thai-Essens, das wir uns abends nach Hause bestellen, und die kleine Plastiktüte, in der unser Pausenbrot ist. Diese SOGENANNTEN EINWEGPRODUKTE sollten wir möglichst vermeiden, denn sie sind absolut UNNÖTIGER MÜLL.

Wie geht das? Bring dir deine eigenen Mehrweg-Produkte mit! Dafür brauchst du einen MEHRWEGBECHER, ein paar BROTDOSEN, EDELSTAHL- ODER GLASSTROHHALME und BAMBUSBESTECK. Mit den leeren Dosen kannst du zum Beispiel zu deinem Lieblings-Restaurant gehen und dein To-go-Essen dort hineinpacken lassen. Habe ich ausprobiert – mit ein bisschen Diskussion funktioniert es. Genauso bei Getränken: einfach den eigenen Becher mitbringen. Wenn du im Restaurant ein Getränk bestellst, sag direkt bei der Bestellung: »Bitte ohne Strohhalm!«

FALLEN DIR NOCH WEITERE EINMAL-PRODUKTE EIN, AUF DIE DU GUT VERZICHTEN KANNST?

....

....

....

....

....

....

....

....

....

....

....

....

TIPP 17

SECONDHAND KAUFEN

Der einfachste Tipp, um nachhaltig zu shoppen: Second-hand-Kleidung kaufen. Warum? Diese Kleidung ist ja schon da, sie wird also nicht extra für dich produziert. Je länger und häufiger ein Kleidungsstück getragen wird, umso NACHHALTIGER wird es. Secondhand zu kaufen, ist also ein wirklich EINFACHER TIPP, um sich umweltfreundlich einzukleiden. Ich persönlich finde daran besonders cool, dass man auch AUßERGEWÖHNLICHE TEILE findet. Die kann einem niemand so einfach nachkaufen.

Außerdem ist es auch praktisch, selbst seine Kleidungsstücke, die man nicht mehr mag, in den SECOND-HAND-SHOP zu bringen. Die gibt's mittlerweile natürlich auch online.

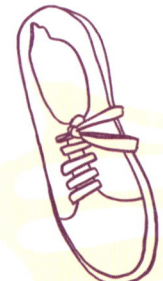

WAS KÖNNTEST DU NOCH
SECONDHAND KAUFEN?

....

....

....

....

....

....

....

....

....

....

....

BEI **KLEIDERKREISEL**
KANN MAN SEINE KLAMOTTEN
ZUM BEISPIEL KOSTENLOS VER-
KAUFEN. DORT HABE ICH SCHON
MEHRMALS KLEIDUNG VERKAUFT
UND AUCH DAS EIN ODER ANDERE
SCHNÄPPCHEN ERGATTERT!

TIPP 18

VERZICHTE AUF FLEISCH

Wer einen SUV fährt, gilt als schlimmer Umweltsünder. Wer jeden Morgen ein Schinkenbrot und abends ein Schnitzel isst nicht. Dabei sind tierische Produkte ein echter KLIMAKILLER. Das liegt daran, dass zum Beispiel Rinder beim Rülpsen und Pupsen das Gas Methan ausstoßen. Was lustig klingt, ist ein echtes Problem, denn Methan ist ein noch klimaschädlicheres Gas als CO_2. Allein die Rinder auf unserem Planeten sind für zehn Prozent der KLIMASCHÄDLICHEN GASE verantwortlich. Wenn also möglichst viele Menschen deutlich weniger Fleisch essen würden, würde das richtig viel für den Klimaschutz bringen.

SCHREIB DOCH MAL AUF: WIE VIEL FLEISCH UND WURST ISST DU JEDEN TAG? AUF WAS KÖNNTEST DU VERZICHTEN UND WELCHE UMWELT-FREUNDLICHE ALTERNATIVE SCHMECKT DIR?

....

....

....

....

....

....

....

....

....

....

....

✳

TIPP 19

VERZICHTE AUF TIERISCHE PRODUKTE

Mit dem Verzicht auf Wurst und Fleisch ist es allerdings nicht getan. Auch für MILCH UND MILCHPRODUKTE wie Joghurt, Quark und Käse werden unzählige Kühe gehalten, die Methan ausstoßen. Es macht also auch Sinn, diese Lebensmittel auf deinem Speiseplan durch andere Produkte zu ersetzen. Wie wäre es mal mit Hafer- oder Sojamilch statt Kuhmilch im Müsli?

Bei den MILCH-ALTERNATIVEN ist es gut, darauf zu achten, dass der Hafer oder das Soja möglichst regional angebaut werden. In einigen Supermärkten findet man zum Beispiel Hafermilch aus deutschem Hafer. Auch Sojajoghurt schmeckt superlecker, und zum Kochen kann man statt Sahne auch Hafersahne benutzen. Ich schmecke dabei den Unterschied kaum noch.

Wer ganz auf tierische Produkte verzichtet, lebt vegan. Ich persönlich ernähre mich oft vegan, aber nicht hundertprozentig. Ich esse zum Beispiel Honig oder die Eier von unserem Bauern, weil ich weiß, dass es den Hühnern dort super geht. Und auch Bio-Käse schafft es immer mal in meinen Kühlschrank. Ich finde, das ist für mich ein guter Weg, mich REGIONAL, SAISONAL UND TIER-PRODUKTEARM zu ernähren.

WELCHER WEG KÖNNTE FÜR DICH IM ALLTAG DER RICHTIGE SEIN?

....

....

....

....

....

....

....

....

....

....

....

....

....

....

TIPP 20

STANDY-BY AUS

Der Fernseher läuft gar nicht, sein Stecker steckt aber in der Steckdose und er ist jederzeit einschaltbereit. Er ist also im Stand-by-Modus und verbraucht dabei Strom. Zwar nicht besonders viel, aber stellt euch vor, dass (ich schätze mal mindestens) 80 Millionen Fernseher in Deutschland zum Beispiel nachts immer in diesem Ruhezustand sind. Dann ist das doch viel, oder?

Laut der deutschen Verbraucherzentrale werden etwa zehn Prozent des STROMVERBRAUCHS in Deutschland durch nicht benutzte Geräte verursacht. Also: Stand-by aus! Du kannst entweder die Stecker der Geräte ziehen oder eine Mehrfachsteckdose benutzen, die man mit einem Schalter ausstellen kann. So sparst du in deinem Zuhause Strom und dadurch auch Geld!

WELCHE STAND-BY-GERÄTE KANNST DU BEI DIR ZU HAUSE AUS-SCHALTEN?

....

....

....

x ....

x ....

x ....

x ....

x ....

x ....

x ....

x ....

x ....

x ....

x ....

x ....

TIPP 21

UMWELTBEWUSST ONLINE SHOPPEN

Online zu shoppen ist ehrlich gesagt nicht besonders umweltfreundlich. Denn die Waren werden zunächst zu einem Lager oder Laden transportiert, um dann wieder neu verpackt, in einem Plastiksack oder Pappkarton, zu dir gefahren zu werden. Wenn dir etwas nicht gefällt, wird die Ware wieder abgeholt und erneut bei dem Onlineshop eingelagert. Die Verpackung landet im Müll, und alles geht von vorne los. Wenn das Produkt nicht sogar einfach entsorgt wird. Es gibt Berichte darüber, dass es für manche Onlinehändler günstiger ist, die Waren einfach wegzuwerfen oder zu verbrennen, als sie wieder auszupacken, einzulagern und abermals zu verschicken. DAS TUT MIR IM HERZEN WEH, wenn ich so was lese.

Wenn du trotzdem mal was online bestellen willst: Bestelle nicht viele einzelne Teile, sondern mache gleich eine größere Bestellung, damit weniger Verpackungsmaterialien und weniger Fahrten nötig sind. Rufe an und lasse dich bei der Größe beraten, damit du möglichst NICHTS ZURÜCKSCHICKEN musst. Und bestelle bei umweltfreundlichen Onlineshops oder FAIR-FASHION-SHOPS. Sie achten darauf, wenig Verpackungen zu verwenden und benutzen zum Beispiel alte Zeitungen zum Auspolstern.

BEI WELCHEN ONLINESHOPS HAST
DU IN LETZTER ZEIT BESTELLT?

MACHE EINEN PLAN, WELCHE
KLAMOTTEN UND ANDERE DINGE DES
ALLTAGS DU WIRKLICH UNBEDINGT
ONLINE BESTELLEN MUSST UND
WELCHE DU BEI EINEM LOKALEN
HÄNDLER FINDEN KÖNNTEST!

TIPP 22

STOßLÜFTEN

Ich habe die Diskussionen in der Schule darum gehasst: Fenster auf und die eine Hälfte im Klassenraum friert, oder Fenster zu und die andere Hälfte brüllt nach frischer Luft. Ich war im TEAM FROSTBEULE. Sogar beim Lüften kann man etwas für die Umwelt tun und zwar das: STOßLÜFTEN. Anstatt das Fenster stundenlang gekippt zu lassen, einfach mal eine kurze Zeit das Fenster komplett öffnen. Wenn man nämlich die Fenster dauerhaft gekippt hat, entweicht die Luft, die durch die Heizung gerade erwärmt wurde, direkt nach draußen. Oder wie mein Vater sagte: Fenster zu, sonst heizt du die ganze Nachbarschaft mit!

WELCHE HAUS-
HALTS-TIPPS HAST DU
NOCH, DIE MIT WENIG AUF-
WAND DAZU DIENEN, DIE
UMWELT ZU SCHONEN?

....

....

....

....

....

....

....

....

....

....

....

TIPP 23

LANGSAM AUTO FAHREN

Du kannst wahrscheinlich noch nicht Auto fahren. Aber du fährst im Auto mit, und damit hast du hier und jetzt von mir die Erlaubnis bekommen, deine Eltern zu erziehen! Erziehe sie zum LANGSAMEN AUTOFAHREN! Mama rast mit Vollgas auf die Ampel zu und bremst dann abrupt? Papa fährt auf der Autobahn dauerhaft 200? Das ist schlecht für die Umwelt. Generell ist Autofahren an sich schon ein Problem, da Autos, die Benzin oder Diesel tanken, viel CO_2 ausstoßen. Drückt man aber besonders heftig aufs Gas, verbraucht man mehr Sprit und pustet dadurch auch mehr CO_2 in die Luft. Deine Großeltern, die (wenn sie sind wie meine) eher gemächlich durch die Innenstadt tuckern, machen es also richtig. Politiker*innen diskutieren übrigens schon seit Jahren, ob man in Deutschland ein TEMPOLIMIT einführen sollte. In keinem Land außer Deutschland gibt es nämlich Autobahnen, auf denen man so schnell fahren darf, wie man will. Bisher sind aber nur einige Politiker für ein Tempolimit, obwohl man dadurch deutlich CO_2 einsparen könnte.

HIER KANNST
DU ERZIEHUNGSTIPPS
FÜR DEINE ELTERN IN
BEZUG AUFS AUTOFAHREN
SAMMELN UND FEST-
HALTEN:

....

....

....

....

....

....

....

....

....

....

....

....

TIPP 24

· · · · · · · · · · · · ·

AUF ÖKOSTROM UMSTEIGEN

Wo kommt euer Strom eigentlich her? Die Antwort: aus der Steckdose :-). Wie der Strom produziert wurde, sieht man ihm aber natürlich nicht an! Der größte Teil des Stroms in Deutschland wird immer noch in Kohlekraftwerken hergestellt, die richtig schlecht fürs Klima sind. Kohle ist ein ENDLICHER ROHSTOFF, der verbannt wird, wodurch sehr viel CO_2 in die Luft gepustet wird. Und du kannst gemeinsam mit deiner Familie dafür sorgen, dass diese Kraftwerke weniger werden und es dafür mehr Strom aus erneuerbaren Energien wie Wasser- oder Windkraft gibt.

FRAG EINFACH DEINE ELTERN, OB IHR EUREN STROMANBIETER WECHSELN KÖNNT UND ZU EINEM ANBIETER GEHT, DER NUR ÖKOSTROM ANBIETET. TEURER IST DAS OFT GAR NICHT, WENN MAN SICH EIN BISSCHEN ÜBER GUTE ANGEBOTE INFORMIERT.

ÜBERLEG DIR, WIE DU GRUNDSÄTZLICH STROM SPAREN KANNST.

....

....

....

....

....

....

....

....

....

....

....

....

TIPP 25

⋛ UPCYCLING ⋛

Eine Einkaufstasche aus einem alten Shirt, das einen Fleck hat. Eine Handyhalterung aus einer Duschgel-Verpackung. Ein Seifenspender aus einem leeren Glas Schokocreme. Das alles sind **UPCYCLING-IDEEN.** Das Wort Upcyceln kommt von Recyceln, also wiederverwerten, und dem Wort up - nach oben. Es geht also darum, aus etwas Altem, was man nicht mehr braucht, was Neues, Besseres zu machen. Damit kannst du quasi aus Müll ein Geschenk für deine Familie basteln. **ALSO LEG LOS!** Einfach mal »Upcycling« googeln und Dutzende Ideen finden!

HIER HAST
DU PLATZ, FOTOS VON
DEINEN NEUEN TEILEN
EINZUKLEBEN UND DEINE
IDEEN ZU NOTIEREN.

UND SCHICK
MIR BITTE EIN FOTO
VON ALLEN NEUEN, TOLLEN
TEILEN PER INSTAGRAM
ODER MAIL :-).

TIPP 26

PALMÖL VERMEIDEN

Ein Orang-Utan sitzt auf einem Hunderte Jahre alten Baum. Sein Zuhause. Es ist der letzte Baum, der übrig geblieben ist. Nun soll auch dieser Baum in Indonesien gefällt werden. Der Orang-Utan, eine bedrohte Tierart, verliert seinen Lebensraum. Leider ist das in vielen Ländern in Südostasien Alltag. REGENWALD wird abgeholzt, um dort Palmöl anzubauen. Das ist erstens schlecht für die Menschen und Tiere dort und zweitens für das Klima, weil die Regenwälder CO_2 speichern.

Warum wird überhaupt so viel Palmöl angebaut? Palmöl ist IN JEDEM ZWEITEN PRODUKT im Supermarkt: zum Beispiel in Tiefkühlpizzen, Süßigkeiten und Waschmitteln. Es ist ein sehr praktisches Öl, weil es nicht zu fest und nicht zu flüssig ist und dazu auch noch sehr billig.

Wenn du also willst, dass weniger Palmöl angebaut wird und der LEBENSRAUM BEDROHTER TIERE erhalten bleibt: Guck beim Kaufen ganz genau auf die Inhaltsangabe der Lebensmittel. Steht Palmöl oder Palmfett drauf, suche dir eine Alternative.

Übrigens :

PALMÖL IST AUCH IN VIELEN KOSMETIKPRODUKTEN. ALLERDINGS HAT ES DORT SO VIELE UNTERSCHIEDLICHE NAMEN, DASS MAN ES AUF DER LISTE DER INHALTS-STOFFE SCHWER FINDET. EINE APP WIE »CODECHECK« KANN DIR HELFEN, DAS PALMÖL IN KOSMETIK ZU ERKENNEN UND DANN EIN PRODUKT OHNE PALMÖL ZU FINDEN.

TIPP 27

ALUFOLIE VERMEIDEN

Diese silbernen Rollen hat wahrscheinlich jede Familie im Küchenschrank liegen. Brote werden darin einge- packt, Salatschüsseln abgedeckt, Essensreste einge- wickelt. Auch wenn die Folie noch so dünn ist, wir sollten sie vermeiden. Denn natürlich entsteht dadurch einer- seits eine Menge MÜLL. Aber nicht nur das! Aluminium wird aus Bauxit gewonnen. Leider wird dieser Rohstoff häufig dort abgebaut, wo früher Regenwälder standen. Für unsere Alufolie wird also der Lebensraum unzähliger Tier- und Pflanzenarten ZERSTÖRT. Außerdem entsteht bei der Herstellung der giftige Rotschlamm, der als Abfall bei der Produktion übrig bleibt und GEFÄHRLICH für Menschen, Tiere und die Umwelt ist. Alufolie sollten wir also auf jeden Fall vermeiden!

Stattdessen kann man wiederverwendbare Dosen benutzen, sein Brot in Papier oder Bienenwachstücher einwickeln und Schüsseln im Kühlschrank mit Tellern abdecken.

SCHREIB AUF,
FÜR WAS DU ALUFOLIE BISHER
VERWENDET HAST UND WIE DU IN ZU-
KUNFT AUF ALUFOLIE VERZICHTEN
KANNST. FALLEN DIR WEITERE
PRODUKTE AUS ALU EIN, DIE DU
VERMEIDEN KÖNNTEST?

....

....

....

....

....

....

....

....

....

....

....

....

TIPP 28

BIENENWACHSTÜCHER STATT FRISCHHALTEFOLIE

Frischhaltefolie ist nicht ganz so umweltschädlich wie Alufolie, aber auch sie solltest du vermeiden. Denn diese Folie landet meist ebenfalls nach einmaligem Gebrauch im Müll oder fliegt in der Natur oder in Gewässern herum und kann von Tieren mit Nahrung verwechselt werden. Eine perfekte ALTERNATIVE FÜR FRISCHHALTEFOLIE sind Bienenwachstücher. Sie sind aus Baumwollstoff oder Leinen gefertigt, die mit einer Schicht Bienenwachs überzogen ist. Das Tuch hat die PERFEKTEN EIGENSCHAFTEN, um Frischhaltefolie zu ersetzen. Das Wachs ist ein bisschen klebrig, sodass es an sich selbst haften bleibt, nicht aber an deinen Händen. Du kannst es also zum Beispiel um ein Brot oder eine Schüssel wickeln und es hält! Außerdem kannst du das Tuch bei guter Pflege monatelang verwenden. Das BIENENWACHSTUCH spült man zur Reinigung ganz einfach unter fließendem Wasser ab. Verwende allerdings kaltes Wasser, denn unter warmem Wasser schmilzt das Wachs :-). Ist das Tuch sehr dreckig, oder hast du wie ich ein stinkiges Käsebrot darin eingewickelt, kannst du es auch mit etwas Spüli sauber machen. Bienenwachstücher findest du in vielen Bioläden, Drogeriemärkten und im Internet.

Oder du machst dein Bienenwachstuch aus alten Stoff-
resten oder einem alten T-Shirt selbst! Wie das geht,
kannst du dir in vielen YouTube-Videos angucken.
Ich musste mich übrigens zuerst etwas an den Geruch
gewöhnen, da die Tücher teilweise sehr stark riechen.

....

....

....

....

....

....

....

....

....

HIER KANNST DU DIE
ANLEITUNG FÜR DIE BIENENWACHS-
TÜCHER AUFSCHREIBEN UND FOTOS
VON DEINEN EIGENS PRODUZIERTEN
TÜCHERN EINKLEBEN! VIELLEICHT
FALLEN DIR NOCH ANDERE MÖGLICH-
KEITEN EIN, FRISCHHALTEFOLIE
ZU ERSETZEN.

TIPP 29

KEINE FLUG-MANGO

Habt ihr schon mal eine sogenannte Flug-Mango gegessen? Ich schon, und es war göttlich! Sie war zuckersüß, perfekt gereift, einfach nur lecker! KEIN WUNDER – sie war aus Thailand mit dem Flugzeug zu uns gebracht worden und so innerhalb von vierundzwanzig Stunden gepflückt und dann von mir verputzt worden. Im Gegensatz zu einer Mango, die über Tage und Wochen in einem Schiff zu uns fährt, war sie also viel frischer und konnte reif geerntet werden.

Obwohl die Mango so lecker war, werde ich nie wieder eine Flug-Mango kaufen. Denn FLUGZEUGE sind eins der UMWELTSCHÄDLICHSTEN TRANSPORTMITTEL überhaupt. Die Mango aus Thailand hat also dafür gesorgt, dass unfassbar viel CO_2 in die Luft geblasen wurde. Wenn ihr also unbedingt eine Mango essen wollt, dann entscheidet euch nicht für die Flug-Mango.

WELCHES OBST/GEMÜSE FÄLLT DIR NOCH EIN, AUF DAS DU AUFGRUND DER FLUGZEUG-REISE VERZICHTEN SOLLTEST?

....

....

....

....

....

....

....

....

....

....

....

....

AUCH BLUMEN WERDEN HÄUFIG MIT DEM FLUGZEUG TRANSPORTIERT. RECHER-CHIERE MAL, WELCHE DAS SIND UND WELCHE AUCH IN DEUTSCHLAND WACHSEN.

TIPP 30

WENIGER KLEIDUNG KAUFEN

Dies ist eine der einfachsten, aber wirklich sinnvollen Möglichkeiten, um die UMWELT ZU SCHÜTZEN! Warum? Die Textilindustrie pustet jährlich 1,2 Billionen Tonnen CO_2 in die Luft – und damit mehr als internationale Flüge und Kreuzfahrten zusammen. Das viele CO_2 entsteht unter anderem bei der Produktion von Plastikfasern und den langen Transportwegen. Bis ein neues Shirt bei dir im Schrank liegt, hat es meist 50.000 bis 100.000 Kilometer hinter sich. Unfassbar, oder? Es wird zum Beispiel mit BAUMWOLLE AUS INDIEN hergestellt, dann in China zu Stoff verarbeitet und gefärbt und in Bangladesch zusammengenäht. Dann kommt es erst zu uns. Jedes einzelne Teil, das ungenutzt in unserem Schrank liegt, ist also eins zu viel.

Viele dieser Kleidungsstücke sind sehr billig. Ein T-Shirt gibt es oft schon für 5 Euro, eine Jeans für 19 Euro. Klar, dass man sich da wenig Gedanken macht, ob man ein Teil wirklich braucht oder nicht. Ich habe mir vorgenommen, nur noch höchstens EIN TEIL IM MONAT zu kaufen (am besten Fair-Trade). Dann überlegt man ganz genau, ob man das Kleidungsstück wirklich braucht.

WIE VIEL HAST DU BISHER GEKAUFT? WAS NIMMST DU DIR VOR? NUR NOCH EIN TEIL PRO MONAT? ODER SOGAR EIN SHOPPINGFREIES JAHR?

....

....

....

....

....

....

....

....

....

....

....

....

....

....

....

TIPP 31

KEIN MIKROPLASTIK

Mikroplastik ist eine wirkliche Umwelt-Katastrophe. Als ich Infos zu Mikroplastik zusammengesucht habe, wurde ich richtig traurig, denn wir haben uns da ein extrem großes Problem geschaffen. Mikroplastik sind **MINIKLEINE PLASTIKTEILCHEN.** Sie sind mittlerweile überall: in unserem Wasser, im Magen von Tieren, in deinem und meinem Körper, und kein Forscher weiß genau, was das mit uns anrichten wird. Mikroplastik wird in Kosmetik verwendet – zum Beispiel in Duschgel, damit es milchiger aussieht.

Deswegen ist es wichtig, **PRODUKTE OHNE MIKRO- PLASTIK** zu kaufen. Das kannst du rausfinden, indem du den Namen des Produkts zum Beispiel in die App »Code-Check« eingibst. Außerdem solltest du niemals Plastikmüll in der Natur liegen lassen, denn der zerfällt mit der Zeit in Mikroplastikteilchen. Und es ist auch generell gut, Plastik zu vermeiden, da auch schon bei der Produktion von Plastik kleinste Teilchen in die Natur gelangen.

....

....

....

....

....

....

....

....

....

....

....

....

....

....

TIPP 32

VERZICHTE AUFS AUTO

Papa fährt dich jeden Tag zur Schule? Mama kutschiert dich immer zu den Hobbys? Ich kann es verstehen - ich liebe Autofahren. Es gibt ja nichts Praktischeres. Egal bei welchem Wetter - man kommt warm und trocken an.

Der Autoverkehr ist allerdings für einen großen Teil des CO_2 verantwortlich, das Tag für Tag in die Luft gepustet wird. EIN PAAR GANZ EINFACHE TIPPS also: mehr laufen, Radfahren, Fahrgemeinschaften bilden und auf öffentliche Verkehrsmittel umsteigen. Ich schaffe das auch nicht immer, da ich auf dem Land lebe und es hier sehr hügelig ist und nicht viele öffentliche Verkehrsmittel fahren. Aber ICH GEBE MEIN BESTES und fahre mittlerweile deutlich weniger Auto.

Wenn du mitmachst, verminderst du dadurch auch das Mikroplastik in der Umwelt. Denn bei jeder Autofahrt geraten kleine Teile der Autoreifen auf die Straße und durch den Wind in die Natur. Reifenabrieb ist einer der größten Verursacher des schädlichen Mikroplastik.

WELCHE
AUTOFAHRTEN KÖNNTEST
DU IN ZUKUNFT ERSETZEN –
UND DURCH WAS?

....

....

....

....

....

....

....

....

....

....

....

....

....

....

....

....

TIPP 33

FAIR FASHION KAUFEN

Woher kommt eigentlich die Kleidung, die du trägst? Wer hat sie hergestellt und unter welchen Bedingungen? Im Jahr 2013 hat ein großes Unglück in einer Textilfabrik in Bangladesch die Aufmerksamkeit auf diese Fragen gelenkt. Die Fabrik war eingestürzt. Mehr als 1000 Menschen starben. Sie hatten dort unter UNMENSCHLICHEN BEDINGUNGEN geschuftet. Und dies ist kein Einzelfall. Damit wir billige Kleider tragen können, arbeiten in ärmeren Ländern die Menschen für einen HUNGER-LOHN, teilweise sogar Kinder, die deswegen nicht zur Schule gehen können. Auch auf die Umwelt achten diese Firmen nicht.

Was kannst du also tun, um solche Firmen nicht zu unterstützen? Kaufe generell weniger Kleidung und wenn du welche kaufst, achte darauf, dass die Produkte fair produziert sind - sogenannte FAIR FASHION. Das kannst du an Fair-Fashion-Siegeln erkennen, also an Zeichen auf den Schildern an der Kleidung.

RECHERCHIERE ONLINE, WELCHE **FAIR-FASHION-SIEGEL** ES GIBT, UND WELCHE LÄDEN IN DEINER NÄHE FAIR FASHION ANBIETEN. NOTIERE DIR ALLES HIER!

....

....

....

....

....

....

....

....

....

....

....

....

ES GIBT AUßERDEM MITTLERWEILE VIELE FAIR-FASHION-BLOGGER UND INSTAGRAMER. SUCHE SIE ONLINE UNTER DEM HASHTAG #FAIRFASHION

TIPP 34

SPARE PAPIER

Jeder hat am Ende seines Lebens einige Bäume auf dem Gewissen. Wegen Möbeln aus Holz, aber auch wegen der Pappe und des Papiers, das wir benutzen und in den Müll werfen. Papier besteht nämlich auch aus Holz und das kommt meist von Plantagen in Lateinamerika, Kanada, Südafrika, Russland oder Asien. Jede Minute geht laut WWF Wald verloren, dessen Fläche so groß wie 35 Fußballfelder ist. TRAGISCH!

Überleg dir also genau: Muss ich diese Hausaufgabe wirklich ausdrucken? Kann ich die Seiten vielleicht kleiner und DOPPELT BEDRUCKEN und alles auf Recyclingpapier? Kann ich mir einen Einkaufszettel auch in den Notizen auf dem Handy speichern? Und: Bestelle alle Kataloge und Werbebroschüren ab, die unnötig bei dir im Briefkasten landen.

NOTIERE HIER,
WO DU IN DEINEM ALLTAG
PAPIER EINSPAREN
KANNST:

....

....

....

....

....

....

....

....

....

....

....

....

....

73

TIPP 35

· · · · · · · · · · · ·

FLIEGE MÖGLICHST WENIG

Dieser Tipp ist der, den ich am allerwenigsten mag.
Denn was gibt es Schöneres, als in den Urlaub zu fahren
und ferne Länder zu entdecken? Jetzt kommt allerdings
der Haken: FLIEGEN IST EXTREM UMWELTSCHÄD-
LICH. Man pustet dabei fünf Mal so viele klimaschäd-
liche Gase in die Luft wie beim Bahnfahren. Und die
Gase wirken auch noch klimaschädlicher, weil sie in so
großer Höhe ausgestoßen werden. Man sollte Fliegen
also möglichst vermeiden.

Ich persönlich finde allerdings nicht, dass man nun nie
mehr in den Urlaub fliegen sollte – dafür ist das einfach
eine zu schöne Sache. Aber man kann die Flüge stark
einschränken. Innerhalb Deutschlands sollte man gar
nicht fliegen, finde ich, denn im Inland ist alles super
MIT DER BAHN erreichbar. Auch zu einem Woche-
nend-Trip nach London oder Paris muss man nicht mit
dem Flugzeug reisen. Mach stattdessen ein verlängertes
Wochenende daraus und fahre mit dem Zug. Wenn du
also einen Urlaub in ein fernes Land planst: BLEIB LIE-
BER LÄNGER UND FLIEG DAFÜR SELTENER.

WELCHE LÄNDER HAST DU
SCHON MIT DEM FLUGZEUG
BEREIST?

....

....

....

....

....

....

....

WELCHE LÄNDER STEHEN NOCH AUF DEINER LISTE – UND GIBT
ES ALTERNATIVE REISEMÖGLICHKEITEN?

....

....

....

....

....

....

....

TIPP 36

MACH URLAUB IN DER NÄHE

»Warum in die Ferne schweifen, wenn das Gute liegt so nah?« heißt es in einem deutschen Sprichwort, das von Goethe inspiriert wurde. Will in dem Fall heißen: WIE SCHÖN IST BITTE DEUTSCHLAND? Und die Schweiz! Und Österreich! Und die Niederlande! All diese Ziele kann man einfach ohne Flugzeug erreichen. Warum nicht sogar einen FAHRRADTRIP draus machen? Das ist die wohl umweltfreundlichste Art, in den Urlaub zu fahren. Ich kann nur sagen: Deutschland und unsere Nachbarländer sind mehr als eine Reise wert! Wir haben Meere, wir haben Berge, wir haben wunderschöne Flüsse! Und das Wetter ist auch manchmal gut ;-).

LASS DICH VON PINTEREST ODER ANDEREN QUELLEN INSPIRIEREN, WOHIN DIE NÄCHSTE REISE (INS UMLAND) GEHEN KÖNNTE, UND NOTIERE HIER DEINE TRAUMZIELE:

....

....

....

....

....

....

....

....

....

....

....

....

TIPP 37

· · · · · · · · · · ·

BAUE EIN INSEKTEN-HOTEL

Die meisten Menschen finden Insekten eklig. Manche schreien sogar, wenn sie ihnen zu nahe kommen. Dabei sind Insekten SUPERWICHTIG FÜR UNSERE NATUR. Sie sind beispielsweise Nahrung für Vögel und andere Tiere. Diese könnten aussterben, wenn es nicht mehr genug Insekten zu fressen gibt. Und Insekten wie Hummeln und Bienen bestäuben viele Pflanzen wie zum Beispiel Kirsch- und Apfelbäume. Wenn es also weniger davon gibt, dann gibt es auch weniger Kirschen und Äpfel.

Solltest du einen Garten haben, dann kannst du darauf achten, dass dieser EIN BISSCHEN WILD bleibt. Tiere lieben Büsche, einen Stapel Holz oder einen Haufen Laub, um sich darin zu verstecken. Außerdem kannst du, auch wenn du keinen Garten hast, etwas für die Insekten tun: Baue ein INSEKTEN-HOTEL, also einen kleinen Ort, an dem Insekten nisten können. Wie das geht, kannst du dir in vielen Videos im Internet angucken.
Mein Insekten-Hotel hängt an einer Wand unseres Hauses. Du kannst es auch auf deine Fensterbank oder deinen Balkon stellen.

MACHE EIN FOTO
DEINES INSEKTEN-HOTELS,
KLEBE ES HIER EIN UND SCHICKE
ES MIR GERN PER MAIL ODER
INSTAGRAM. ICH BIN GESPANNT!

TIPP 38

PFLANZE EIN INSEKTEN-BÜFFET

Büffets kenne ich von Urlauben in Hotels und von Restaurants mit Brunch-Büffet. Man hat eine große Auswahl und kann sich immer wieder was Leckeres nehmen.

Das kannst du nun auch Insekten bieten, indem du auf deiner Fensterbank, deinem Balkon oder deiner Terrasse ein Insekten-Büffet anlegst. Du brauchst nur einen BLUMENTOPF (kann ein alter aus dem Keller sein), den du unten mit KIES befüllst. Dann kommen ERDE und etwas DÜNGER hinein. Welche Pflanzen Insekten am liebsten mögen, kannst du auf der Internetseite des Naturschutzbundes NABU nachlesen. Dazu gehören zum Beispiel Thymian und Hornklee.

WAS KOMMT
IN DEIN BÜFFET
ALLES REIN?

....

....

....

....

....

....

WEM VON DEINEN FREUNDEN ODER DEINER FAMILIE KÖNNTEST
DU MIT EINEM SOLCHEN BÜFFET EINE FREUDE MACHEN?

....

....

....

....

....

....

TIPP 39

ABONNIERE EINE BIO-KISTE

Ich habe dich überzeugt und du hast dir vorgenommen, dich möglichst regional und saisonal zu ernähren? Yeah! Ich freue mich! Ich mache das schon seit mittlerweile zwei Jahren, und damit ich nicht jedes Mal im Supermarkt stehe und den **SAISONKALENDER** wälze, habe ich eine einfache Lösung: Ich habe eine Bio-Kiste bei einem regionalen Bio-Bauern abonniert. Das funktioniert so: Der Landwirt baut, in meinem Fall in Frankfurt, Obst und Gemüse an. Ich zahle einen monatlichen Beitrag und bekomme dafür jede Woche einen Anteil seiner **ERNTE IN EINER KISTE.** Im Sommer sind das zum Beispiel riesige Tomaten, süße Himbeeren, saftige Gurken, Salate und Paprika. Im Winter sind es unter anderem Kohl, Wirsing, Rote Bete und Lauch.

Ich muss zugeben, dass ich die Ernte im Sommer lieber mag, da es im Winter beispielsweise kaum Obst gibt (außer eingelagerter Äpfel). Dafür wird man jede Woche überrascht und ernährt sich ganz anders als früher. **EIN WEITERER VORTEIL:** Die Kiste wird jedes Mal wieder benutzt. Das Obst und Gemüse wird einfach hineingelegt und ist daher unverpackt.

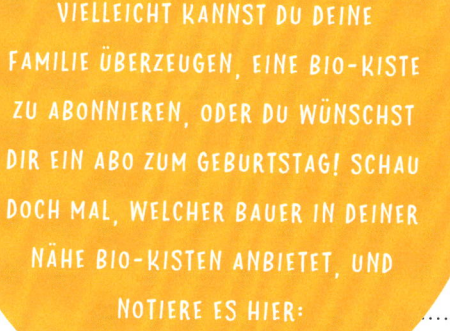

VIELLEICHT KANNST DU DEINE FAMILIE ÜBERZEUGEN, EINE BIO-KISTE ZU ABONNIEREN, ODER DU WÜNSCHST DIR EIN ABO ZUM GEBURTSTAG! SCHAU DOCH MAL, WELCHER BAUER IN DEINER NÄHE BIO-KISTEN ANBIETET, UND NOTIERE ES HIER:

....
....
....
....
....
....
....
....

TIPP 40

ZAHNPASTA SELBER MACHEN

In Zahnpasta sind leider sehr häufig Stoffe, die gar nicht umweltfreundlich sind. Die meiste Zahnpasta wird außerdem in Plastikverpackungen angeboten. Warum also nicht einfach mal Zahnpasta selber machen?

Die Idee fand ich noch besser, als ich gehört habe, dass viele Models Mundspülungen mit Kokosöl benutzen, weil das angeblich gesund hält. In meinem ZAHNPASTA-REZEPT ist eine Zutat nämlich Kokosöl. Man nimmt vier Esslöffel davon und erwärmt es, damit man es mischen kann. Dann kommen zwei Esslöffel Natron dazu, das man im Unverpackt-Laden kaufen kann. Natron ist ein natürliches Putzmittel und macht die Zähne weiß. Für die Süße fügt man zwei Teelöffel Stevia hinzu und dann nach Geschmack ein paar Tropfen Pfefferminzöl. Das Ganze füllt man in einen Glastiegel und lässt es fest werden. Man muss sich an den öligen Geschmack etwas gewöhnen. ICH BIN GESPANNT, WIE IHR ES FINDET!

✗

MAN KANN ÜBRIGENS AUCH WASCHMITTEL SELBER MACHEN! WELCHE DIY-PRODUKTE WÜRDEST DU GERN MAL AUSPROBIEREN? SUCH DIR DOCH IM INTERNET EIN PAAR ANLEITUNGEN RAUS!

x ....

....

....

x ....

....

x ....

....

x ....

....

x ....

....

x ....

....

x ....

....

TIPP 41

WENIGER UND KÄLTER WASCHEN

Ich weiß nicht, wer bei dir zu Hause wäscht, aber der, der es tut, wird sich über diesen Tipp freuen. Man wirft ja gerne jede Jeans und jeden Pulli, den man nur ein Mal oder ein paarmal getragen hat, direkt in die Wäsche. WARUM EIGENTLICH? Wenn er einen Fleck hat oder müffelt - klar, dann muss er gewaschen werden. Wenn nicht kann man ihn doch eigentlich noch ein bisschen anziehen! Beim Waschen wird nämlich sehr viel Energie verbraucht. Vor allem wenn die Wäsche sehr heiß gewaschen wird. Deswegen ist ein WEITERER TIPP: kälter und weniger oft waschen. Beides hilft übrigens auch dabei, dass die Kleidung länger hält. Dieser Tipp ist daher eine absolute WIN-WIN-SITUATION für die Umwelt und für eure Kleidung!

WELCHE DEINER KLAMOTTEN MÜSSEN
ÜBERHAUPT MIT 60°C UND MEHR
GEWASCHEN WERDEN?

....

....

....

....

....

....

....

....

....

....

....

....

TIPP 42

FAHRE KEIN SKI

Für die Ski- und Snowboardfahrer unter euch ist das keine gute Nachricht: Skifahren ist eine Umweltsünde.

DAS DILEMMA: Auf der Welt wird es wegen des Klimawandels immer wärmer. Daher schneit es seltener. Es gibt aber immer mehr Menschen, die Ski fahren wollen. Also fällt man Bäume, präpariert Pisten mit Planierraupen und zerstört dadurch den Lebensraum von Pflanzen und Tieren. Man lässt künstlichen Schnee fallen. Dafür braucht man extrem viel Energie und Wasser, was die Natur auf Dauer austrocknen lässt.

EINE LÖSUNG ist also: einfach nicht mehr Skifahren gehen. Da mein Mann Tim der größte Ski-Fan der Welt ist, kann ich ihn nicht davon überzeugen, nie mehr Ski zu fahren, also machen wir doch hin und wieder Ski-Ferien. Du siehst also: Auch ich schaffe es nicht, mich an alles zu halten. Ich konnte ihn allerdings überzeugen, in ein Ski-Gebiet zu fahren, das sich zu Nachhaltigkeit verpflichtet hat, und wir übernachten in einem Bio-Hotel.

WELCHE ALTERNATIV-
URLAUBE KÖNNTEST DU
DIR ANSTELLE DES SKI-
URLAUBS VORSTELLEN?

....

....

....

....

....

....

....

....

....

....

....

....

TIPP 43

HEIZUNG RUNTERDREHEN

Die meisten Leute lieben es, wenn es zu Hause kuschelig warm ist. Auch ich! Wärme und Warmwasser werden bei den meisten Leuten allerdings mit Kohle, Erdöl oder Erdgas erzeugt. Daher sollte man versuchen, möglichst wenig zu heizen. Das heißt nicht, dass ihr frieren sollt. Aber du kannst EIN PAAR KLEINE TIPPS beachten: Wenn du tagsüber nicht zu Hause bist, dreh die Heizung etwas runter. Denn wenn du nicht da bist, muss es ja nicht mollig warm sein.

Auch nachts kann man die Heizung etwas runterdrehen, weil man da ja sowieso unter der warmen Decke liegt. Man schläft übrigens auch besser, wenn es im Raum etwas kühler ist. Vor allem wenn du über mehrere Tage weg bist, kannst du die Heizung runterdrehen! WENN DAS JEDER MACHT, KÖNNEN WIR VIEL ENERGIE EINSPAREN.

....

....

....

....

....

....

....

....

....

....

....

....

....

....

*

TIPP 44

POLYESTER VERMEIDEN

Neben Baumwolle ist Polyester eines der häufigsten Materialien von Kleidungsstücken. Polyester ist im Grunde eine andere Form von Plastik. Wenn wir diese Kleidungsstücke waschen, gelangen jedes Mal kleine Plastikteile durch die Kanalisation ins Grundwasser, in unsere Flüsse und durch diese ins Meer. Die Kläranlagen können die MIKROPLASTIKTEILE nicht herausfiltern. Und natürlich landen auch Polyester-Klamotten irgendwann als Plastikmüll im Abfall.

Es ist daher eine gute Idee, Polyester-Kleidung zu vermeiden. Eine tolle ALTERNATIVE sind Lyocell und Modal. Auch diese Stoffe werden künstlich hergestellt, allerdings aus nachwachsenden Rohstoffen wie Holz.

CHECKE DEINEN
KLEIDERSCHRANK! SCHREIBE
AUF, AUS WAS DIE MEISTEN
DEINER KLEIDUNGSSTÜCKE
SIND UND WELCHE MATERIA-
LIEN DU IN ZUKUNFT LIEBER
KAUFEN WILLST!

....

....

....

....

....

....

....

....

....

....

....

....

TIPP 45

KÜRZER DUSCHEN

Ich finde es wunderbar, unter dem heißen Wasserstrahl der Dusche zu stehen. Früher hieß das bei mir: ausgiebig Haare waschen, eine Haarspülung benutzen und danach noch eine Kur - und so habe ich ewig Zeit unter der Dusche verbracht. **DOCH DAS WAR EINMAL!** Mittlerweile versuche ich, möglichst kurz zu duschen, denn Wasser muss unter hohem Energieaufwand erhitzt werden.

Duschen ist allerdings generell umweltfreundlicher als Baden, da die meisten Badewannen recht groß sind und man sehr viel heißes Wasser braucht, um sie zu befüllen.

Ich dusche übrigens auch NICHT MEHR TÄGLICH und wasche mir nur noch alle drei Tage die Haare. Das ist nicht nur besser für die Umwelt, sondern auch für Haut und Haare, sagen Hautärzte! Seife und Shampoo trocknen die Haare nämlich oft aus.

WIE KÖNNTEST DU DIR VORSTELLEN, DEINE DUSCH- UND BADEROUTINE UMZUSTELLEN?

....

....

....

....

....

....

....

....

....

....

....

....

....

....

TIPP 46

RECYCLINGPAPIER KAUFEN

Als Anfang 2020 die Corona-Krise losging, war Klopapier
ständig ausverkauft. Wenn noch was übrig war, dann war
es Recycling-Toilettenpapier. WAS?! WARUM?!

Zum einen verstehe ich nicht, wieso die Leute überhaupt Klopapier hamstern, aber noch weniger verstehe
ich, wieso die Menschen in Deutschland das Recycling-
Toilettenpapier liegen lassen. Das besteht aus Altpapier
statt aus frischem Zellstoff. Es ist also viel besser für
die Umwelt. Außerdem ist es nicht teurer und auch nicht
schlechter als normales Toilettenpapier.
Gut – es ist vielleicht nicht ganz so flauschig und weiß
wie das vierlagige superteure Deluxe-Klopapier. Aber es
ist absolut in Ordnung. Genau das Gleiche gilt für Taschentücher, Küchenrolle und auch für normales Drucker-
papier und Schulhefte.

KAUFT DIE RECYCLING-VARIANTE! Achtet dabei
auf das Siegel »Blauer Engel«, das auf diesen Produkten
zu finden ist.

APROPOS KLOPAPIER: ÜBERLEG DIR HIER MAL EIN PAAR UPCYCLING-IDEEN FÜR LEERE KLOROLLEN. DU WIRST STAUNEN, WAS MAN AUS DENEN ALLES TOLLES MACHEN KANN – KUNST INKLUSIVE!

....

....

....

....

....

....

....

....

....

....

....

....

....

TIPP 47

x

RESTE VERWERTEN

Wenn ich früher einkaufen war, habe ich einfach gekauft, worauf ich Lust hatte. Mehrere Sorten Wurst und Käse, Frischkäse mit und ohne Kräuter, und ich habe Brötchen beim Bäcker geholt, obwohl ich noch ein Brot zu Hause hatte. Die Folge war, dass ich regelmäßig Lebensmittel in den Müll geworfen habe. Das nennt man Foodwaste, und FOODWASTE ist eine große Umweltsünde.

Viele Menschen sind, wie ich früher gewesen bin, daher wird im Durchschnitt JEDES ACHTE LEBENSMITTEL weggeworfen. Hinzu kommt, dass Supermärkte auch ihre Reste wegwerfen und die Produzenten der Lebensmittel ebenfalls. Laut Umweltbundesamt landet EIN DRITTEL UNSERER LEBENSMITTEL auf dem Müll. Dadurch entstehen 38 Millionen Tonnen umweltschädliche Gase - und das völlig sinnlos!

Wir sollten also alle darauf achten, nur so viel einzukaufen, wie wir auch wirklich verbrauchen. Außerdem sollten wir ESSENSRESTE MÖGLICHST GUT VERWERTEN. Du hast Kartoffeln von gestern übrig? Mach dir Bratkartoffeln! Du hast Äpfel mit ein paar Macken? Back einen Apple-Crumble. Du hast braune Bananen? Die sind perfekt für ein Banana Bread!

....

....

....

....

....

....

....

....

....

....

....

....

....

TIPP 48

NATURKOSMETIK BENUTZEN

In meiner früheren Lieblings-Körpercreme war Erdöl.
Richtig gehört - ein ähnlicher Stoff wie er auch an der
Tankstelle in unseren Autos landet. In meiner Sonnen-
creme einer großen Marke, die wirklich jeder kennt,
waren Hormone, die unfruchtbar machen können. Und
in meiner Gesichtscreme war Mikroplastik. Das alles
zwar in sehr kleinen Mengen und diese sind in Deutschland erlaubt - aber all diese Stoffe sind ungesund und
SCHLECHT FÜR DIE UMWELT.

Damit ihr nicht jeden Inhaltsstoff auf der Packung
nachlesen müsst, gibt es eine einfache Möglichkeit,
umweltfreundliche Kosmetik zu finden: Kauft zertifizierte
Naturkosmetik. Zertifiziert heißt, dass die Kosmetik ein
SIEGEL hat, das beweist, dass sie wirklich nur umwelt-
freundliche Stoffe enthält. Leider gibt es kein einheit-
liches Siegel, sondern mehrere unterschiedliche.
Die wichtigsten sind BDIH, ECOCERT und NATRUE.

SCHAU DOCH MAL
IN DEINEN BADSCHRANK- HAT
DEINE KOSMETIK EIN SOLCHES
SIEGEL? WENN NICHT, ÜBERLEGE,
WELCHE CREMES UND LOTIONS DU
DURCH UMWELTFREUNDLICHERE
ERSETZEN KÖNNTEST.

TIPP 49

LICHT AUS

»Mach das Licht hinter dir aus!« Den Spruch von meinem Vater hab ich immer noch in den Ohren. Bei meinem Vater ging es damals mehr ums GELDSPAREN als um den UMWELTSCHUTZ, aber im Grunde hatte er recht. Warum soll das Licht brennen, wenn eh niemand im Raum ist? Genauso sieht das natürlich aus, wenn überhaupt niemand zu Hause ist.

Das einzige Argument, das wir gelten lassen sollten, ist der SCHUTZ VOR EINBRECHERN! Wer also Licht anlassen will, während er nicht zu Hause ist, kann eine Zeitschaltuhr benutzen. So ist das Licht nur an, wenn man es braucht. Du kannst außerdem darauf achten, ENERGIESPARLAMPEN zu kaufen, die möglichst wenig Strom verbrauchen.

IN WELCHEN RÄUMEN BRAUCHST DU AM MEISTEN LICHT? KÖNNTEST DU HIER VIELLEICHT DIE EIN ODER ANDERE LAMPE DURCH EIN ENERGIESPARMODELL ERSETZEN?

....

....

....

....

....

....

....

....

....

....

....

....

TIPP 50

KAUFE UNVERPACKT

Das ist der beste Weg, um Plastik zu vermeiden: einfach keines kaufen. Wenn du in den Supermarkt gehst, versuche möglichst VIELE DINGE UNVERPACKT zu bekommen. Drei Paprikas in einer Plastikhülle lässt du einfach liegen und kaufst stattdessen die einzelnen, unverpackten. Ich denke, dass wir da eine große Macht haben! Stell dir mal vor, niemand würde die Dreierpacks kaufen ... Der Supermarkt hätte keinen Umsatz mehr mit dieser Sorte und würde stattdessen nur noch unverpackte anbieten.

Unverpackt einkaufen geht auch gut auf dem WOCHENMARKT und am allerbesten in UNVERPACKT-LÄDEN. Davon gibt es mittlerweile mehr als 100 in ganz Deutschland. Dorthin kannst du mit deinen eigenen Dosen und Gläsern kommen und dir zum Beispiel Nudeln, Reis, Müsli, Nüsse und sogar Schokolade und Gummibärchen abfüllen. Der Inhalt wird an der Kasse gewogen. Guck doch mal, ob es auch bei dir in der Nähe einen Unverpackt-Laden gibt.

MACH IMMER EINE EINKAUFSLISTE FÜR DEN UNVERPACKT-LADEN, DAMIT DU WEIßT, WELCHE BEHÄLTER DU MITNEHMEN MUSST.

DURCHFORSTE DOCH MAL DEINEN KÜHLSCHRANK UND DIE VORRATSKAMMER: WELCHE LEBENSMITTEL KÖNNTEST DU IN ZUKUNFT UNVERPACKT EINKAUFEN?

....

....

....

....

....

....

....

....

....

....

....

....

....

Übrigens: JOGHURT UND MILCH KANNST DU AUCH IN MEHRWEG-GLASFLASCHEN KAUFEN. DIE SIND VIEL BESSER FÜR DIE UMWELT ALS TETRA-PACKS UND PLASTIKBECHER.

ZUSATZ-TIPP:

· · · · · · · · · · ·

ENGAGIERE DICH UND SETZE DICH EIN!

Ich freue mich, wenn du einige oder auch viele Tipps aus diesem Buch umsetzt! Wir einzelnen Menschen auf diesem Planeten sind wichtig und können viel erreichen. Aber auch die Politik muss aufwachen und merken, wie wichtig es ist, UNSERE ERDE ZU SCHÜTZEN.

DESWEGEN: Geh auf Demonstrationen und protestiere für mehr Umweltschutz! Poste deine Aktionen bei Instagram und Co. mit #Umweltliebe, damit noch mehr Leute sehen, was man alles tun kann. Wenn du dich traust: Sag deine Meinung in Diskussionen. Gründe eine Umweltschutz-Gruppe mit deinen Freund*innen und spreche mit den Politiker*innen in deiner Stadt. Wenn jemand vor dir Müll in die Natur wirft, heb ihn vor den Augen des anderen auf und wirf ihn in den Abfalleimer. Du musst gar nichts zu demjenigen sagen - es hilft meist schon, wenn man ihm zeigt, wie es richtig geht.

UND LASS DICH BITTE NICHT ÄRGERN. Nur weil du dich für die Umwelt einsetzt, heißt es nicht, dass du als Waldschrat ohne Strom und Handy im Wald leben musst. Du musst nicht der perfekte Umweltschützer sein, um dich für die Umwelt einzusetzen.

DEINE JENNIE <3

DANKE!

FRANZISKA BRÄUNING ist die Lektorin dieses Buches. Unfassbar, dass wir uns noch nie persönlich getroffen haben und trotzdem so vertraut und gut zusammengearbeitet haben. Keine schreibt lebhaftere und liebevollere E-Mails und keine hat mit mehr Begeisterung jemals über ein Buch gesprochen. Sie hat diesem Buch den letzten wunderbaren Schliff gegeben.

VANESSA WEUFFEL ist die Illustratorin dieses Buches. Ist es nicht wunderschön geworden dank dieser Frau? Wenn man das Buch nochmals und nochmals durchblättert, fallen einem immer mehr Kleinigkeiten auf, die die Gestaltung zu etwas ganz Besonderem machen.

SILKE KRAMER ist die Ideengeberin dieses Buches und die Programmleiterin des Verlags. Als ich ihre Mail im Postfach hatte, habe ich mich so gefreut und nicht davon zu träumen gewagt, dass aus dieser Idee ein so schönes Projekt werden würde. Sie ist sofort auf meinen Vorschlag eingegangen, das Buch besonders umweltfreundlich und dadurch leider teurer drucken zu lassen - keine Selbstverständlichkeit im Verlagsgeschäft.

ULF-GUNNAR SWITALSKI ist mein Buch-Agent. Er hat meine Buchverträge verhandelt und mich in allen Business-Fragen wunderbar unterstützt. Und das, ohne jemals ein Buch von mir gelesen zu haben. Wahrscheinlich liest er diesen Dank hier auch nicht. Ist aber nicht schlimm, ich mag ihn trotzdem, oder gerade deshalb.

ERNST GUGLER ist der Gründer der Druckerei, die dieses Buch auf besonders umweltfreundliche Art und Weise gedruckt hat – im zertifizierten Cradle-to-Cradle-Verfahren. Er hat ein Familien-Unternehmen geschaffen, das seit Jahrzehnten nachhaltig handelt. Und er macht mit seinen Mitarbeitern Yoga. Guckt gerne mal auf die Website www.gugler.at und lest nach, wie dieses Buch gedruckt wurde.

TIM SCHREDER ist mein Ehemann. Und mein Kollege. Und mein Team. Bester Ehemann. Lass mal zusammenbleiben!

Und dann gibt`s noch meine so **LIEBEVOLLE FAMILIE,** die stolz jede Sendung von mir guckt, jedes Buch von mir liest und vor allem immer für mich da ist, auch wenn es mal nicht so läuft.
Und dann sind da noch meine **FREUND*INNEN,** die meine Sendungen selten gucken und meine Bücher nicht lesen, weil sie einfach meine Freund*innen sind – egal, was ich mache :-). Sie hören mir zu, lachen und weinen mit mir. Danke an euch!

FÜR LISTEN-SCHREIBER,
QUERDENKER UND KREATIVKÖPFE

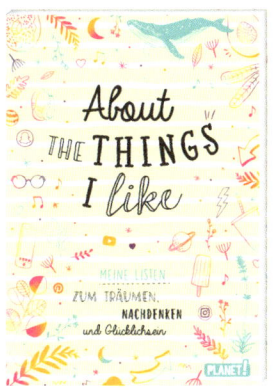

Vanessa Weuffel

About the things I like

112 Seiten · Broschur
ISBN 978-3-522-50666-3

Ob Lieblingsquote, der Soundtrack zum eigenen Leben oder die Szene im Film, bei der man einfach immer losheulen muss – in diesem Eintrage-Journal findet sich Platz für alles, was man schon immer mal festhalten wollte. Mit inspirierenden Zitaten ist es ein wertvoller Begleiter in jeder Lebenslage und das ideale Geschenk für die beste Freundin!

www.planet-verlag.de

Sieglar, Jennifer

IF I COULD SAVE THE WORLD

50 geniale Umwelt-Tipps und viel Platz zum Eintragen
ISBN 978-3-522-50695-3

Gesamtausstattung: BUCH & DESIGN Vanessa Weuffel
Druck und Bindung: gugler print, Melk/Donau
Reproduktion: DIGIZWO GmbH, Stuttgart

MIX
Papier aus verantwor-
tungsvollen Quellen
FSC® C005108

Cradle to Cradle Certified™ Pureprint
innovated by gugler*
Gesund. Rückstandsfrei. Klimapositiv.
www.gugler.at
Bindung ausgenommen

greenprint*
klimapositiv gedruckt